COLLECTION D'OUVRAGES RELATIFS

AUX

SCIENCES HERMÉTIQUES

CYLIANI

HERMÈS DÉVOILÉ

DÉDIÉ A LA POSTÉRITÉ

POST LABOREM SCIENTIAM.

LIBRAIRIE GÉNÉRALE DES SCIENCES OCCULTES

BIBLIOTHÈQUE CHACORNAC

11, Quai Saint-Michel, PARIS

1915

HERMÈS DÉVOILÉ

NOTE DE L'ÉDITEUR

La première édition de cet ouvrage fut composée en 1832, par l'*Imprimerie de* Félix Locquin. *16, rue Notre-Dame des Victoires, à Paris.*

Cette réédition est faite scrupuleusement c'est-à-dire sans aucune retouche au style ou à la pensée de l'auteur.

———

COLLECTION D'OUVRAGES RELATIFS

AUX

SCIENCES HERMÉTIQUES

CYLIANI

HERMÈS DÉVOILÉ

DÉDIÉ A LA POSTÉRITÉ

POST LABOREM SCIENTIAM.

LIBRAIRIE GÉNÉRALE DES SCIENCES OCCULTES

BIBLIOTHÈQUE CHACORNAC

11, *Quai Saint-Michel*, PARIS

1915

PRÉFACE

Le Ciel m'ayant permis de réussir à faire la pierre philosophale, après avoir passé trente-sept ans à sa recherche, veillé quinze cents nuits au moins sans dormir, éprouvé des malheurs sans nombre et des pertes irréparables, j'ai cru offrir à la jeunesse, l'espérance de son pays, le tableau déchirant de ma vie, afin de lui servir de leçon, en même temps la détourner d'un art qui offre au premier coup d'œil les roses blanches et rouges les plus agréables, hérissées d'épines, et dont le sentier qui conduit au lieu où on peut les cueillir, est plein d'écueils.

Comme la médecine universelle est un bienfait plus précieux que le don des richesses, sa connaissance doit naturellement entraîner à sa recherche les hommes studieux, qui croient être plus heureux qu'une multitude de personnes. Voilà la raison qui m'a porté à transmettre à la postérité les opérations à faire dans le plus grand détail, sans rien omettre, afin de la faire connaître, de prévenir aussi la ruine des honnêtes gens et de rendre service à l'humanité souffrante.

Le lecteur qui sera pénétré de mes opérations n'aura qu'à chercher la matière, le feu et les travaux d'Hercule. Tous les philosophes en ont fait par devoir un mystère. J'ai juré à Dieu d'emporter dans la tombe ce secret et ne serai point parjure, dût-on me lapider, et préfère déplaire aux hommes qu'à l'Éternel.

J'ai décrit avec la plus grande sincérité toutes les opérations à faire, on peut y compter, et je désire du fond de mon cœur que le songe que j'ai fait puisse révéler à l'homme vertueux, appelé par Dieu à jouir d'un pareil bienfait ce que j'ai laissé à désirer, en lui évitant des écueils sans nombre, même de perdre son existence.

Pour faire les travaux d'Hercule, il faut user de grandes précautions ; une fois qu'ils sont passés, le reste est un travail bien agréable qui ne coûte pas un sou de dépense.

Prenez garde qu'il vous arrive comme à moi de vous blesser ; je me trouve par suite de ces mêmes travaux l'organe le plus essentiel à la vie d'affecté, qui me privera, vu la gravité du mal, de parcourir une longue carrière, la vertu de la médecine n'étant point chirurgicale, mais seulement médicinale.

Je conseillerai aussi aux personnes qui voudront absolument se mettre à la recherche de la pierre philosophale *de ne s'y livrer qu'après avoir suivi plusieurs cours de chimie, et savoir manipuler. Quoi qu'en disent maints auteurs, si je n'avais pas eu en chimie les connaissances que je possède, je ne serais jamais parvenu.*

Je dois ajouter que la matière propre à l'œuvre est celle qui a servi à former le corps de l'homme primitif : elle se trouve partout en tout lieu, sous diverses modifications; son origine est céleste et terrestre, le feu de la pierre pareillement.

La médecine universelle est un sel magnétique servant d'enveloppe à une force étrangère qui est la vie universelle. Aussitôt que ce sel est dans l'estomac, il pénètre tout le corps jusqu'aux dernières voies, en régénère toutes les parties, provoque une crise naturelle suivie d'abondantes sueurs, purifie le sang ainsi que le corps, fortifie ce dernier au lieu de l'affaiblir, en dissolvant et chassant par la transpiration toutes les matières morbifiques qui contrarient le jeu de la vie et ses courants. Ce sel fait aussi disparaître par sa qualité froide toutes espèces d'inflammations, pendant que la force étrangère de ce même sel se répand dans les principaux organes de la vie, s'y détermine en les vivifiant. Voici l'effet de la médecine universelle qui guérit radicalement toutes les infirmités qui affectent l'homme dans le cours de sa vie, et lui fait parcourir en bonne santé plusieurs siècles, à moins que Dieu en ait ordonné différemment par son organisation ; effet

*bien contraire à l'opinion reçue des médecins, qui sou-
tiennent qu'un seul remède ne peut guérir toutes les maladies. Mais s'ils connaissaient la médecine universelle, ils
verraient que la puissance de ce sel est semblable à celle
d'un aimant, qu'il attire non le fer, mais la force de la
vie universelle et lui sert d'enveloppe. En l'administrant,
ils seraient forcés de reconnaître sa puissance céleste, ils
se mettraient à genoux devant ce beau sel magnétique doué
d'une force surnaturelle et miraculeuse, en proclamant en
âme et conscience que nulle maladie ne résiste à son action
comme je m'en suis convaincu en rendant la vie à des
malades abandonnés par eux.*

*Pour concevoir ce que je viens de dire sur la force étran-
gère de la médecine, il faut voir l'effet que procure le vin
de Champagne dans notre estomac : aussitôt qu'il s'y
trouve, son liquide en pénètre les parois et les fortifie,
pendant que sa force étrangère, due à la présence de l'acide
carbonique, s'en dégage en se portant au cerveau, chasse
notre tristesse et nous met en gaîté, à moins qu'une trop
grande quantité de gaz venant à presser sur le cerveau
nous fasse vaciller ou tomber.*

*Enfin le corps de l'homme est matériel, néanmoins il
renferme une force qui lui est étrangère, qui est la vie.*

*Je crois prévenir ici de ne jamais oublier qu'il ne faut
que deux matières de même origine : l'une volatile, l'autre
fixe ; qu'il y a deux voies, la voie sèche et la voie humide.*

Je suis cette dernière de préférence, par devoir, quoique la première me soit très familière ; elle se fait avec une matière unique.

L'azote se joint facilement au soufre, le feu au feu, et le mercure double ou rebis à l'état de poudre ou de sel ou d'huile forme le véritable or potable ou la médecine universelle au blanc et au rouge ; enfin la semence de l'or est dans l'or même.

Il faut très peu de combustible, encore moins de vases. L'œuvre coûte fort peu à faire et peut se faire en tout lieu, mais il est convenable de le commencer avec celui de la nature pour le bien terminer.

J'ai cru dans cet écrit conserver les passages les plus importants de plusieurs ouvrages faits par des philosophes qui ont possédé le mieux le mercure secret, c'est-à-dire Hermès, tels qu'Arnauld de Villeneuve et l'auteur anonyme, imprimé à Leipzick en 1732, et autres, afin de transmettre d'une manière primordiale à la postérité la plus reculée cet art divin si précieux sous le rapport de la santé.

Cherchez à connaître le vinaigre des montagnes, car sans lui vous ne pouvez rien faire ; sa connaissance vous donnera celle de la fée de l'âme, appelée telle par Arnauld de Villeneuve dans son Petit Rosaire.

Pénétrez-vous bien aussi que le feu de nos foyers ou des fourneaux ou d'une lampe est le tyran de la destruction et

que la nature n'emploie le feu vulgaire que pour détruire ;
exemple, le feu de la foudre ou celui des volcans.

Rappelez-vous que les deux natures métalliques, après
leur préparation, ne doivent être assemblées qu'à l'état de
germes dissous, comme le dit Arnauld de Villeneuve.

Étant bien pénétré de la pratique et des opérations que
je vais vous donner, vous pourrez vous mettre à faire
l'œuvre. Si vous n'avez pas le bonheur de réussir, c'est que
Dieu ne voudrait pas vous accorder un pareil don, car je
vous jure de vous avoir tout dit dans cet ouvrage, sans
trahir mon serment.

HERMÈS DÉVOILÉ

Ayant passé 37 ans de mon existence à étudier les phénomènes de la nature, je crois devoir publier une partie de mes découvertes ainsi que les peines et les malheurs que j'ai éprouvés, dans les vues de servir d'exemple à la jeunesse, de prévenir la ruine des honnêtes gens et de rendre service à l'humanité souffrante. Né d'une mère chérie et d'un père respectable, et très instruit, qui occupait une place très honorable dans la société ; étant seul de garçon mon père fut mon mentor et me donna une éducation soignée. De bonne heure je devins le modèle de la jeunesse de ma ville par ma conduite, mon goût pour les arts et les sciences et mon instruction. A peine avais-je 17 ans que je pouvais vivre indépendant et du fruit de mes talents. Mon père était en correspondance avec des savants dans le nombre desquels il y en avait qui s'occupaient de la recherche de la pierre philosophale et de la science occulte des choses. Leurs livres m'étaient tombés entre les mains. J'en étais imbu, je me disais : serait-il possible que des rois, des princes, des philosophes, des présidents de cour et des religieux eussent

pris plaisir à mentir et à induire en erreur leurs semblables ? Non, c'est impossible, me répondais-je ; ce
sont plutôt d'anciennes connaissances cachées sous le
langage des hiéroglyphes afin que le vulgaire en soit
privé et qu'il n'y ait que les élus qu'il plaît à Dieu
d'initier qui puissent posséder ces connaissances sur-
naturelles. J'étais naturellement bon et croyant ; ne
connaissant pas les détours du cœur humain, je crus
à la sincérité de ces livres. Il me tardait d'être mon
maître afin de me livrer à ce genre d'études; la vie à
mes yeux n'avait plus de charmes qu'autant que l'on
possédait la santé et que l'on pouvait faire des heureux sans qu'ils puissent parler de nous. La connaissance de la pierre philosophale remplissait ce but :
elle devint alors le sujet de mes veilles et de mes
moments de loisir ; mon ambition se portait aussi à
acquérir la certitude de l'existence et de l'immortalité
de l'âme. Telles étaient les connaissances que je dési-
rais acquérir aux dépens même de mon existence.

La révolution française venait d'éclater. Mes connaissances parurent, aux yeux de mes concitoyens,
plus utiles dans une administration qu'à l'armée. On
m'honora de plusieurs places. Dans mes tournées, je
vis, en entrant dans une petite ville, une jolie demoi-
selle dont les traits de bonté, le sourire gracieux et
l'air décent charmèrent mon âme et enflammèrent

mon cœur. Dès ce moment je me promis d'en faire ma femme. Après avoir rempli la tâche que m'imposaient mes devoirs, je m'occupai de chercher quelque prétexte pour lui parler : l'amour n'en manque pas, et peu de jours s'écoulèrent jusqu'au moment où je reçus la permission de me présenter chez elle. Enfin, l'hyménée vint combler mes vœux, et je me promis de la rendre la femme la plus heureuse du monde. Hélas ! j'étais loin de croire que je lui ferais éprouver une série de malheurs presque sans exemple, puisqu'elle avait tout fait pour me rendre heureux.

Quelques mois après mon mariage, je fis la connaissance d'un homme de talent qui avait pour femme une artiste célèbre. Ils avaient tous les deux le goût de l'alchimie et me confièrent un petit manuscrit qui avait été trouvé derrière une armoire, duquel ils faisaient grand cas. Il était écrit d'un style qui inspirait beaucoup de confiance ; tout s'y trouvait à l'exception du nom de la matière, des travaux d'Hercule et de la connaissance du feu. Je me crus alors l'homme le plus heureux de la terre. Je conçus dans la fougue de ma jeunesse d'immenses projets : je me mis à travailler ce qui me fit négliger ma partie et mes propres intérêts. Je crus par la suite donner ma démission afin de me livrer entièrement à la philosophie hermétique et dans plusieurs années j'eus anéanti la somme que m'avaient donnée mon père et ma mère en me mariant, et dissipé en fumée une partie de la dot de ma femme.

Mon amour et mon amitié sans bornes pour la compagne de ma jeunesse et sa tendresse pour moi nous donnèrent une nombreuse famille qui augmenta mes dépenses lorsque ma fortune s'éclipsait ; je voyais ma femme soutenir avec courage sa position, et le désir de la rendre heureuse augmentait ma ferme résolution d'atteindre le but que je m'étais proposé. 21 ans se passèrent au sein des plus grandes privations ; je tombai dans le malheur ; mes nombreux amis me tournèrent le dos. On finit en cherchant à s'expliquer ma position, vu ma conduite exemplaire, par savoir que mon goût pour l'alchimie me portait à me priver du plus juste nécessaire ; je devins la risée publique ; on me traita de fou, je fus hué, ma famille me rejeta de son sein, à plusieurs reprises, je me vis errant dans ma patrie, obligé de suspendre mes travaux, ayant vendu jusqu'au meilleur de mes habits pour payer les gages d'un domestique qui m'aidait à passer les nuits. Ma femme, chargée de maints enfans, fut obligée de son côté de se réfugier chez ses parents, en ne cessant d'être le modèle des vertus ; et moi, en descendant au fond de mon cœur, je n'avais rien à me reprocher que mon goût pour une partie qui

m'avait ruiné, et placé ma famille dans une position
pénible et douloureuse.

Je me vis forcé d'oublier mes travaux et de faire
valoir mes talents, mais la position pénible où je me
trouvais jetait naturellement une défaveur sur moi. A
peine avais-je organisé une partie avantageuse que mes
subordonnés, ou les personnes qui me fournissaient
les fonds s'en emparaient, en cherchant à jeter sur
moi une défaveur telle que je ne pus trouver nul
appui afin que ma position financière les mît à l'abri
de toute réclamation. Ayant écoulé environ 10 ans
ainsi, et employé une partie des nuits à la lecture de
presque tous les ouvrages publiés sur la pierre philosophale, commençant à courber la tête sous le poids
des années, je sentis ce penchant irrésistible qui rap-
pelle l'homme à ses premières amours, je me crus de
bonne foi mieux instruit, capable de franchir tous les
obstacles qui m'avaient arrêté jusqu'alors. Je m'adressai à des personnes riches qui avaient mes mêmes
goûts, je fus accueilli avec bienveillance. Au commencement de ces nouvelles connaissances, je passai
des jours heureux : les amitiés m'étaient prodiguées,
je pouvais moyennant mes travaux venir au secours
de ma famille, mais aussitôt que l'on croyait posséder
mes connaissances, on m'abandonnait sous de vains
prétextes ; on se porta même jusqu'au point de me

faire prendre une forte dose de sublimé corrosif dans la vue de me détruire et de s'emparer de mes écrits. J'avais appris à connaître le cœur humain à mes frais et dépens ; je me tenais continuellement sur le qui-vive; mais le feu qui se manifestait dans mon estomac et la saveur que j'éprouvais me firent recourir au contrepoison. J'en fus quitte pour une année de malaises, et de la presque privation du seul plaisir que j'avais sur la terre. Que ne puis-je ici, dans la crainte de me rendre importun et trop long, faire un récit des petites passions humaines et de la différence inconcevable qui existe entre l'homme aimable que l'on voit orner les soirées de nos salons et le même homme guidé par l'appât des richesses et de sa vile cupidité. Ce sont vraiment des êtres différents.

Ma plume se refuse ici au récit que ma position me fit éprouver, à peine un grand in-folio suffirait-il pour contenir mes revers. Je tombai derechef dans le malheur ; il était si complet, que ma nombreuse famille composée d'enfans charmants, bien élevés, vertueux au delà de toute expression, chéris dans la société où ils se faisaient remarquer par leur décence et leurs talents d'agrément, prirent, par amour pour leur infortuné père, tellement leur chagrin à cœur que de légères maladies, où tout autre aurait guéri au bout d'une quinzaine, devinrent mortelles pour eux, et en peu de temps je perdis mes enfans.

O perte irréparable ! qu'il est triste et déchirant pour un cœur paternel de n'avoir à ce récit que des pleurs à faire couler en regrets superflus ! Puisse un jour l'Éternel me permettre de vous revoir, et le ressouvenir de mes malheurs sans nombre sera pour moi effacé.

Dans la position accablante où je me trouvais, je crus ranimer toutes mes forces pour faire une dernière tentative : je m'adressai à une personne riche, qui avait une grande âme et beaucoup d'instruction, et fus traité par elle pendant plusieurs années plus généreusement que par les dernières personnes auxquelles je m'étais adressé et je parvins enfin à faire quelque chose d'encourageant, mais ce n'était point encore l'œuvre.

Un jour, me promenant à la campagne, assis au pied d'un gros chêne, je me plus à me repasser toutes les circonstances de ma vie et à juger si j'avais quelque mérite, ou si j'avais encouru l'énorme poids des malheurs qui m'accablaient, je me rappelai les découvertes utiles au commerce que j'avais faites et le bénéfice que l'industrie française en avait retiré; je voyais avec douleur des étrangers en profiter et mon nom oublié ; je portai mon regard sur des personnes qui avaient eu l'adresse de s'emparer des découvertes d'autrui, après leur avoir donné une tournure à la mode ; je les voyais comblées d'honneurs, de places, et je me trouvais errant et repoussé ; je me demandai si j'avais avec intention fait tort d'un sou à l'un de mes semblables, ma conscience me répondait non ; ai-je cessé un seul moment d'être bon fils, bon mari, bon père, bon ami pour celui qui le méritait ? mon cœur me dit aussi : non, ton malheur vient uniquement de n'avoir pas atteint ton but.

Je me représentai qu'il était cruel pour moi d'avoir été à diverses époques de ma vie si mal payé par mes semblables, même par mes amis ; la peine que me faisaient éprouver tous ces ressouvenirs m'accablait, mes forces m'abandonnaient et je mis ma tête sur mes mains en versant un torrent de larmes, en appelant l'Éternel à mon secours. La chaleur ce jour-là était forte, je m'endormis et fis le songe suivant que je n'oublierai jamais.

Je crus entendre craquer l'arbre au pied duquel je me trouvais, ce qui me fit détourner la tête, et j'aperçus une nymphe, modèle de la beauté, qui sortait de cet arbre ; ses vêtements étaient si légers qu'ils me parurent transparents. Elle me dit : j'ai entendu du sein de cet arbre sacré le redit de tes malheurs. Ils sont grands sans doute, mais tel est le sort où l'ambition conduit la jeunesse qui croit affronter tous les dangers pour satisfaire ses désirs. Je n'ajouterai aucune réflexion pour ne pas aggraver tes malheurs, je puis les adoucir. Mon essence est céleste, tu peux même me considérer comme une déjection de l'étoile polaire. Ma puissance est telle que j'anime tout : je suis l'esprit astral, je donne la vie à tout ce qui respire et végète, je connais tout. Parle : que puis-je faire pour toi ?

O céleste nymphe, lui dis-je, tu peux ranimer en moi un cœur abattu par le malheur en me donnant seulement une légère notion sur l'organisation de l'univers, sur l'immortalité de l'âme, et me procurer les moyens de parvenir à la connaissance de la pierre philosophale et de la médecine universelle. Je suis devenu la risée publique, j'ai le front courbé sous le poids énorme des malheurs, de grâce daigne me donner les moyens de me réhabiliter à mes propres yeux.

Je suis vraiment touchée de ta pénible existence, me répondit-elle; écoute, réunis toutes tes facultés et grave-toi dans la mémoire le récit que je vais te faire, en prenant une partie de mes comparaisons au figuré, pour que je puisse me rendre sensible à ton intelligence.

Représente-toi un espace d'une étendue presque

sans bornes où flotte le système des mondes, composé de soleils ou d'étoiles fixes, de nébuleuses, de comètes, de planètes et de satellites, nageant dans le sein de l'éternité ou d'un soleil de lumière divine, dont les rayons sont sans limites et tu auras une légère notion de l'ensemble de l'univers, ainsi que du monde fini et de celui infini.

Le système des mondes et l'Éternel ou le soleil de lumière divine sont de même origine, ils n'ont point eu de commencement et n'auront point de fin. Les légers changements qu'éprouvent certains globes ne changent rien à l'ordre de l'univers.

La volonté de l'Éternel ou de l'Esprit créateur peut à dessein lancer dans l'espace une nébuleuse ; celle-ci partant de la tangente en parcourant l'espace subit la loi de l'attraction d'un soleil duquel elle s'est approchée, et finit par décrire une ellipse très allongée où les deux foyers sont déterminés par l'action de deux soleils ; alors elle forme une comète, mais au bout d'un laps de siècles elle finit par céder à l'attraction plus forte de l'un des deux soleils, elle régularise sa course et finit par faire partie de son système en tournant autour de lui ; puis au bout d'un certain nombre de siècles son point lumineux ou les deux qu'elle affecte d'avoir se réunissent en un seul point lumineux qui devient le feu central de ce globe, qui

devient lui-même à une époque très reculée une planète habitable lorsqu'elle a pris une certaine consis-
tance métallifère, et fait naître à sa surface les
éléments nécessaires à la vie des animaux appropriés
à sa nature, tels par exemple que de l'eau, une atmosphère et des végétaux.

Les planètes peuvent par la forte expansion de leur
feu central se déchirer en diverses parties dont chacune répandue dans l'espace devient autant de satellites en s'attachant à l'atmosphère d'activité d'une
autre planète.

Une comète, qui a été en premier lieu une nébuleuse
peut par son action en s'approchant trop près d'une
planète soulever ses eaux, donner lieu à un déluge en
abaissant ou relevant son axe, ce qui change le lit
des mers, met à jour ce qui était couvert par les eaux
et ensevelit pour des siècles sous les mers des contrées
habitées en recouvrant du limon des mers les débris
des animaux et des végétaux entassés les uns sur les
autres.

Une autre planète en passant dans la queue d'une
comète, cette dernière peut enflammer son atmosphère et détruire non seulement tous les végétaux
mais aussi les animaux et faire de cette même planète
un vaste tombeau. Enfin une comète par sa trop
grande action peut en s'approchant trop près d'une

planète porter une perturbation dans son atmosphère
capable de modifier l'existence animale et végétale et
même la détruire. Voici les seules modifications
qu'éprouvent les globes, mais rien ne se perd pour
cela dans le monde. Ces globes fussent-ils réduits à
des atomes, ces derniers par la loi de l'attraction
finiraient par former un tout ou un nouveau globe.

Les diverses espèces d'animaux qui paraissent avoir
existé sur la terre à des époques bien éloignées les
unes des autres sont le fait de la création à laquelle
a donné lieu l'Esprit Créateur. Mais tous les êtres qui
en découlent paraissent à des époques plus ou moins
reculées les unes des autres, à l'issue des grandes catas-
trophes qu'éprouve la terre : l'espèce humaine ne date
elle-même que de près de 60 siècles.

Les soleils, les comètes et les divers globes sont
autant d'êtres d'une nature particulière qui se trouvent
en particulier régis par un esprit, car la hiérarchie
universelle est infinie. L'Éternel est d'un ordre bien
au-dessus de ces esprits, ces derniers sont comme ses
ministres et les globes comme ses sujets soumis à la
direction de ces mêmes ministres.

Tout ce qui existe dans l'univers de matériel ou de
physique est purement minéral ; les gaz le sont eux-
mêmes; prends note de cet aveu.

L'homme est un composé triple ; son corps ou sa

forme est animée d'une âme : celle-ci est la réunion de diverses forces à l'aide desquelles l'esprit régit sa forme ou la matière. L'âme est dirigée par l'esprit céleste qui est une émanation de l'action divine et par conséquent impérissable.

L'homme ne périt jamais que par sa forme : alors l'esprit auquel l'âme sert de lien ou d'enveloppe s'en sépare et sa forme, privée de l'esprit vital céleste, est livrée à la réaction de ses principes constitutifs. L'esprit et l'âme vivent alors spirituellement en recherchant les centres qui leur conviennent et au bout d'un certain temps l'homme ou l'être ou l'esprit ou la vie spirituelle, qui va toujours en se perfectionnant, se sépare de son âme ou de son enveloppe glorieuse pour rentrer dans son universalité, ce qui fait que l'homme meurt deux fois, c'est à dire change deux fois de forme. Mais l'homme ou l'esprit vit éternellement. D'après mon récit tu ne peux maintenant douter de l'immortalité de l'âme.

Voilà tout ce qu'il m'est permis de t'apprendre ici pour satisfaire tes désirs.

Maintenant veux-tu savoir comment la médecine universelle agit sur l'économie animale ? Considère comme je viens de te le dire que la forme ou le corps de l'homme est seule mortelle, tu verras qu'il ne périt que du côté des solides. Comme ces derniers sont tous minéraux, tous peuvent être régénérés par le principe ou l'esprit minéralisateur, lequel par ses diverses modifications forme les divers produits que nous connaissons. Ils se trouvent donc tous ramenés à leur état primitif par l'action de ce même principe et de sa force étrangère, qui rétablit l'équilibre et permet à l'esprit d'entrer et de sortir librement à travers notre propre forme comme l'eau à travers une éponge ; car le dérangement de notre corps ne vient uniquement, exception faite des indispositions mécaniques, que des courants de la vie qui ne peuvent librement circuler. Mais la vertu de la médecine universelle est purement médicinale et non chirurgicale, elle ne peut remettre un membre coupé ou détruit entièrement, ce qui fait que la personne qui en prend de bonne heure, habituellement aux deux équinoxes, peut vivre sans infirmités plusieurs siècles, à moins que la nature n'ait prescrit une courte durée à son existence par son organisation, qui vient sans cesse contrarier les efforts de la vie.

Venant maintenant au sujet de tous tes malheurs, et si j'ose le dire de ton point fixe, il a fallu ton opiniâtreté pour te rendre digne d'un pareil bienfait. Écoute attentivement et n'oublie jamais tes malheurs, afin d'avoir toujours présents à tes yeux les infortunés. Suis-moi et ne crains rien.

Je vis alors un nuage qui sortait du sein de la terre, qui nous enveloppa et nous transporta dans l'air. Nous parcourûmes les bords de la mer où j'aperçus de petites bosses. La nuit survint, le ciel était très étoilé, nous suivions la voie lactée en nous dirigeant à l'étoile polaire. Un froid extrême s'empara de moi et provoqua un profond sommeil. Réchauffé ensuite par les rayons du soleil qui paraissait sur l'horizon, je fus tout étonné en me réveillant de me trouver sur la terre et d'y apercevoir un temple. La nymphe me prit par la main et me conduisit à son entrée. Te voilà rendu, me dit-elle, au lieu où tu dois résoudre le problème suivant. Puisque tu as été bon mathématicien, réfléchis bien, car tu ne peux rien sans sa solution. D'un par un qui n'est qu'un sont faits trois, des trois deux et de deux un.

Tu m'as dit être instruit en chimie, vois quel moyen tes connaissances peuvent t'offrir pour ouvrir seulement la serrure de la porte de ce temple, afin d'y pénétrer jusqu'au sanctuaire.

A vaincre sans péril, ajouta-t-elle, on triomphe sans gloire. Avant de te quitter je veux encore t'observer que tu ne peux combattre le dragon qui défend intérieurement l'entrée de ce temple qu'avec cette lance qu'il faut que tu fasses rougir à l'aide du feu vulgaire afin de percer le corps du monstre que

tu dois combattre, et pénétrer jusqu'à son cœur :
dragon qui a été bien décrit par les anciens et duquel
ils ont tant parlé.

Pense à la rosée de mai, elle devient indispensable
comme véhicule et comme étant le principe de toutes
choses. Je jetai mes regards sur elle, la nymphe se
mit à sourire. Enfin tu vas commencer les travaux
d'Hercule, réunis toutes tes forces et sois d'une ferme
volonté. Adieu. La nymphe me prit par la main et
me la serra. Aimes-tu la vie, me dit-elle. En votre
présence je la chéris plus que jamais, lui répondis-je.
Tâche de ne pas la perdre par imprudence; en atten-
dant l'issue du combat je veillerai près de toi et en
cas d'événement je viendrai te soulager. Adieu. Elle
disparut.

J'étais triste d'avoir perdu cette nymphe qui m'était
si chère. Enfin je me décidai au combat. Ayant réuni
des branches de bois sec éparpillées sur le lieu où je
je me trouvais, j'y mis le feu à l'aide d'une lentille que
me trouvais avoir sur moi, et fis rougir ma lance
presque au blanc. Pendant cette opération je cherchai
le moyen qui pourrait le mieux détruire la serrure de
la porte du temple. Je m'aperçus que la nymphe
m'avait glissé dans ma poche sans que je m'en aper-
çusse un bocal bouché, plein de la substance qui
m'était nécessaire.

Déterminé à vaincre ou à périr, je saisis avec fureur ma lance d'une main et la substance de l'autre, et mis de cette dernière sur la serrure la quantité nécessaire. Celle-ci en peu de temps disparut entièrement et les deux battants de la porte du temple s'ouvrirent avec fracas. J'aperçus un effroyable dragon qui avait un énorme dard à trois pointes qui cherchait à me lancer son haleine mortelle. Je m'élançai sur lui en criant :

Lorsqu'on a tout perdu, que l'on n'a plus d'espoir,
La vie est un opprobre et la mort un devoir.

Il ouvre sa gueule pour me dévorer, je lui plonge dedans avec tant de force ma lance que je pénètre jusqu'à ses entrailles, je lui déchire le cœur ; et afin qu'il ne pût m'atteindre, je faisais en même temps de rudes efforts à l'aide de ma lance pour détourner la direction de sa tête. Le monstre se replia sur lui-même à diverses reprises, vomit des flots de sang et cessa d'exister.

Je me dirigeai de suite au chœur du temple et j'entendis une voix céleste qui me dit : Audacieux, viens-tu profaner ce temple pour satisfaire ta vile cupidité où viens-tu y chercher les moyens de soulager l'humanité souffrante ? Je viens, lui répondis-je, dépouillé de toute ambition, te prier à genoux de me donner les moyens seulement de recouvrer la fortune que j'ai sacrifiée pour connaître la pierre philosophale, ceux aussi de pouvoir en secret rendre à la vie des humains vertueux ; je te jure et le jure à l'Éternel et si tu daignes m'accorder un pareil bienfait, je ne révélerai jamais les travaux d'Hercule ni la matière et le feu, par un langage qui ne puisse être entendu que par ceux que Dieu voudra gratifier d'un pareil secret, et si je suis parjure, que je sois puni d'une manière exemplaire.

Je vis alors deux superbes vases en cristal reposant chacun sur un piédestal du plus beau marbre de Carrara. L'un de ces vases était en forme d'urne, surmonté d'une couronne en or à 4 fleurons ; on avait écrit en lettres gravées dessus : Matière contenant les deux natures métalliques.

L'autre vase en cristal était un grand bocal bouché à l'émeri, d'une forte épaisseur, on avait gravé pareillement dessus ce qui suit : Esprit astral ou esprit ardent, qui est une déjection de l'étoile polaire.   —

Ce vase était surmonté d'une couronne d'argent ornée de 9 étoiles brillantes.

Comme je finissais de lire, j'aperçus avec joie mon aimable nymphe qui me dit en me montrant ce grand bocal : vois-tu mon miroir ? Rien, me dit-elle, ne peut s'opposer maintenant à te récompenser toi-même de la lutte que tu as soutenue avec autant de courage en prenant à discrétion des substances que contiennent ces deux vases sacrés qui sont de même origine céleste. Je m'aperçois du malaise que te fait éprouver ta victoire, qui pourrait te devenir funeste en faisant ici un plus long séjour ; hâte-toi de prendre ta récompense et sors au plus vite de ce temple. Je vais tout disposer pour notre départ. Elle me laissa seul.

Mes forces et mon courage commençaient à s'abattre : je crus devoir obéir aux ordres de la nymphe. J'aperçus à côté des deux vases sacrés divers bocaux vides, bien nets, en cristal, bouchés à l'émeri. J'en pris deux, j'ouvris avec précipitation le premier vase en forme d'urne, qui contenait la matière androgyne et les deux natures métalliques, et en remplis mon vase. L'ayant bouché après avoir fermé l'urne en cristal, j'ouvris le second et plus grand vase et versai en tremblant dans mon deuxième bocal de la substance qu'il contenait ; je n'avais pas d'entonnoir, le temps me durait, mes forces s'évanouissaient, je fermai bien vite le grand vase et le mien avec son bouchon en cristal, et je sors avec empressement du temple. En passant près du monstre que j'avais vaincu, je vis qu'il ne restait plus de lui que ses dépouilles mortelles et de nulle valeur.

Aussitôt que j'eus pris l'air, je crus que j'allais m'évanouir. Dans la crainte de casser mes deux vases en tombant, je me couchai sur la terre avec peine après avoir posé à côté de moi mes deux petits bocaux. Je fus quelque moment à respirer avec difficulté. Ma nymphe chérie vint à moi en souriant ; elle me félicita sur mon courage et sur la victoire que je venais de remporter. Elle me dit : Conviens, infortuné Cyliani, qu'il n'est pas bon de t'exposer souvent à pareille lutte. Que vois-je ? me dit-elle, une école ! Ces paroles me frappèrent. Je lui dis : Expliquez-vous. L'un de tes bocaux contient plus de matière androgyne qu'il ne t'en faut, mais tu n'as pas pris assez d'esprit astral, il t'en faut infiniment plus, et comme dit Arnauld de Villeneuve, il en faut foison d'eau, d'esprit distillé ; mais ta faute est excusable, elle est le fruit d'une peur fondée. Enfin, tu en as assez pour t'apprendre à faire la pierre et combler tes désirs. Hâtons-nous de rejoindre notre point de départ. Tu ne penses plus à la compagne de ta jeunesse ni à l'inquiétude où ton absence l'a plongée. Partons, ta vie serait ici en danger. Je vis un nouveau nuage sortir du sein de la terre, qui nous enveloppa et nous enleva dans l'air. Nous fîmes bien du chemin. La nuit survint, le ciel était sans taches et très étoilé, nous suivions derechef la voie lactée, mais en sens inverse. J'éprouvai alors un grand froid. Notre direction était aussi du côté du lieu qui me vit naître. Mais en quittant une région froide et en passant dans une région chaude, je sentis un fort sommeil s'emparer de moi et je fus bien étonné en me réveillant à la pointe de l'aurore de me trouver au pied du gros chêne d'où nous étions partis.

J'appelai mon aimable nymphe, elle me dit en riant : Que veux-tu de plus ? dis-moi, que faut-il que je fasse pour terminer mon œuvre ?

Maintenant que tu as passé les travaux d'Hercule et que tu possèdes les matières, ce n'est plus qu'un travail de femme ou d'enfant attentif et soigneux. Écoute avec attention.

Considère bien les travaux de la nature. Elle a formé dans le sein de la terre les métaux, mais il faut quelque chose de plus, leur quintessence. Vois d'où elle tire la quintessence des choses. Ce n'est qu'à la surface de la terre, dans les règnes qui vivent ou végètent : suis donc la nature pas à pas. Considère aussi comme elle opère dans le règne végétal, car ce n'est point un minéral que tu veux faire. Vois-la humectant avec la rosée ou la pluie la semence confiée à la terre, la desséchant à l'aide du feu céleste et réitérant ainsi jusqu'à ce que l'embryon soit formé, développé, bourgeonné, fleuri, et parvenu à sa vertu

multiplicative, enfin à la maturité de son fruit. C'est
bien simple : dissous et coagule, voilà tout, et don-
ne-toi de garde de te servir d'autre feu que de celui
du ciel.

Enfin la nymphe daigna me tracer tout ce qui me
restait à faire comme je vais le dire dans le plus grand
détail. Je me jetai à ses pieds pour la remercier d'un
pareil bienfait, en adressant mes humbles remercie-
ments à l'Éternel de m'avoir fait surmonter tant de
dangers, puis elle me dit adieu en ajoutant : ne
m'oublie pas.

Elle disparut, sa fuite me fit éprouver une peine si
grande que je me réveillai.

Peu de temps après, je me mis à recommencer
mon œuvre et à l'aide des travaux d'Hercule je me
procurai de la matière contenant les deux natures
métalliques, ainsi que de l'esprit astral, avec l'aide de
mes dernières ressources et non de celles d'autrui,
qui m'ont rendu libre de disposer à mon gré de ma
réussite envers ceux qui la mériteront à mes yeux,
sans blesser ma délicatesse et la bienséance, ni fouler
à mes pieds les devoirs de la reconnaissance.

PREMIÈRE OPÉRATION

CONFECTION DE L'AZOTE

ou

DU MERCURE DES PHILOSOPHES

Je pris de la matière contenant les deux natures métalliques; je commençai par l'imbiber de l'Esprit astral peu à peu, afin de réveiller les deux feux intérieurs qui étaient comme éteints, en desséchant légèrement et broyant circulairement le tout à une chaleur de soleil; puis réitérant ainsi et fréquemment en humectant de plus en plus, desséchant et broyant jusqu'à ce que la matière ait pris l'aspect d'une bouillie légèrement épaisse.

Alors je versai dessus une nouvelle quantité d'esprit astral de manière à surnager la matière et laissai le tout ainsi pendant cinq jours au bout desquels je décantai adroitement le liquide ou la dissolution que je conservai dans un lieu froid; puis je desséchai derechef à la chaleur solaire la matière restée dans le vase en verre qui avait environ trois doigts de hauteur, j'imbibai, je broyai, desséchai et dissolvis comme j'avais précédemment fait et réitérai ainsi jusqu'à ce que j'eusse dissous tout ce qui était susceptible de l'être, ayant eu le soin de verser chaque dissolution dans le même vase bien bouché, que je mis pendant dix jours dans le lieu le plus froid que je pus trouver.

Lorsque ces dix jours furent écoulés, je mis la dissolution totale à fermenter dans un pélican pendant quarante jours, au bout desquels il se précipita par l'effet de la chaleur interne de la fermentation une matière noire.

C'est alors que je distillai sans feu, le mieux qu'il me fut possible, le liquide précieux qui surnageait la matière contenant son feu intérieur, et le mis dans un vase en verre blanc, bien bouché à l'émeri, dans un lieu humide et froid.

Je pris la matière noire et la fis dessécher à la chaleur du soleil, comme je l'ai déjà dit, en réitérant les imbibitions avec l'esprit astral, les cessant aussitôt que j'apercevais la matière qui commençait à se sécher et la laissant ainsi se dessécher d'elle-même, et cela autant de fois qu'il fut nécessaire pour que la matière devînt comme une poix noire luisante. Alors la putréfaction fut totale, et je cessai le feu extérieur, afin de ne point endommager la matière en brûlant l'âme tendre de la terre noire. Par ce moyen la matière parvint au fumier de cheval, à son imitation; il faut, suivant le dire des philosophes, laisser agir la chaleur intérieure de la matière elle-même.

Il faut ici recommencer le feu extérieur pour coaguler la matière et son esprit. Après l'avoir laissé dessécher d'elle-même, on l'imbibe peu à peu et de plus en plus de son liquide distillé et réservé qui contient son propre feu, la broyant imbibée et desséchant à une légère chaleur solaire, jusqu'à ce qu'elle ait bu toute son eau. Par ce moyen l'eau est changée entièrement en terre, et cette dernière, par sa dessiccation, se change en une poudre blanche que l'on appelle aussi air, qui tombe comme une cendre, contenant le sel ou le mercure des philosophes.

Dans cette première opération, on voit que la dissolution ou l'eau s'est changée en terre et celle-ci par subtilisation ou sublimation se change en air par l'art où s'arrête le premier travail.

On prend cette cendre que l'on fait dissoudre peu à peu à l'aide du nouvel esprit astral, en laissant, après la dissolution et la décantation, une terre noire qui contient le soufre fixe. Mais en réitérant l'opération sur cette dernière dissolution, absolument comme nous venons de la décrire précédemment, on obtient une terre plus blanche que la première fois, qui est la première aigle, et l'on réitère ainsi sept à neuf fois. On obtient par ce moyen le menstrue universel, ou le mercure des philosophes, ou l'azote, à l'aide duquel on extrait la force active et particulière de chaque corps.

Il est bon d'observer ici qu'avant de passer de la première aigle à la deuxième, ainsi qu'aux suivantes, il faut réitérer l'opération précédente sur la cendre restée, si le sel n'est pas, par le feu central de la matière, suffisamment élevé par la sublimation philosophique, afin qu'il ne reste après l'opération qu'une terre noire dépouillée de son mercure.

Faites bien attention ici qu'à la suite du gonflement de la matière dans la fermentation qui suit la dissolution, il se forme à la partie supérieure de la matière une espèce de peau sous laquelle se trouvent une infinité de petites bulles qui contiennent l'esprit. C'est alors qu'il faut conduire avec prudence le feu, vu que l'esprit prend une forme huileuse et passe à un certain degré de siccité.

Aussitôt que la matière est dissoute, elle se gonfle, entre en fermentation et rend un léger bruit, ce qui prouve qu'elle contient en elle un germe vital qui se dégage sous forme de bulles.

Pour bien faire l'opération que je viens de décrire il faut observer le poids, la conduite du feu et la grandeur du vase. Le poids doit consister dans la quantité d'esprit astral nécessaire à la dissolution de la matière. La conduite du feu extérieur doit être dirigée de manière à ne pas faire évaporer les bulles qui contiennent l'esprit par une trop grande quantité de feu, et à ne point brûler les fleurs ou le soufre en continuant le feu extérieur, de manière à pousser trop loin la siccité de la matière après sa fermentation et sa putréfaction, afin de ne pas voir le rouge avant le noir.

Enfin, la grandeur du vase doit être calculée sur la quantité de la matière, de manière que celle-ci ne contienne que le quart de sa capacité : entendez-moi.

N'oubliez pas aussi que la solution mystérieuse de la matière ou le mariage magique de Vénus avec Mars s'est fait dans le temple dont je vous ai précédemment parlé, par une belle nuit, le ciel calme et sans nuages, et le soleil étant dans le signe des Gémeaux, la lune étant de son premier quartier à son plein, à l'aide de l'aimant qui attire l'esprit astral du ciel, lequel est sept fois rectifié jusqu'à ce qu'il puisse calciner l'or.

Enfin la première opération étant terminée on a l'azote, ou le mercure blanc, ou le sel ou le feu secret des philosophes. Certains sages la font derechef dissoudre dans la moindre quantité d'esprit astral nécessaire pour en faire une dissolution épaisse.

Après l'avoir dissoute, ils l'exposent dans un lieu froid pour obtenir trois couches de sel.

Le premier sel a l'aspect de laine, le deuxième d'un nitre à très petites aiguilles et le troisième est un sel fixe alcalin.

Des philosophes les emploient séparément, d'autres les réunissent ensemble comme l'indique A. de Ville-neuve dans son PETIT ROSAIRE fait en 1306 à l'article des « Deux Plombs », et les font dissoudre dans quatre fois leur poids d'esprit astral, afin de faire toutes leurs opérations.

Le premier sel est le véritable mercure des philo-sophes; il est la clef qui ouvre tous les métaux, à l'aide duquel on extrait leurs teintures; il dissout tout radicalement, il fixe et mûrit pareillement tout en fixant les corps par sa nature froide et figeante. Bref, c'est une essence universelle très active; c'est le vase dans lequel toutes les opérations philosophiques se font. On voit donc que le mercure des sages est un sel qu'ils nomment : *eau sèche* qui ne mouille pas les mains ; mais pour s'en servir, il faut le dissoudre dans l'esprit astral, comme nous l'avons déjà dit. On emploie dix parties de mercure contre une d'or.

Le deuxième sel sert à séparer le pur de l'impur et le troisième sel sert à augmenter continuellement notre mercure.

DEUXIÈME OPÉRATION

CONFECTION DU SOUFRE

La teinture extraite de l'or vulgaire s'obtient par la préparation de son soufre, qui est le résultat de sa calcination philosophique qui lui fait perdre sa nature métallique et la change en une terre pure ; calcination qui ne peut avoir lieu par le feu vulgaire, mais seulement par le feu secret qui existe dans le mercure des sages, vu sa propriété double ; et c'est en vertu de ce feu céleste, secondé par la trituration, qu'il pénètre dans le centre de l'or vulgaire, et que le feu central double de l'or, mercuriel et sulfureux, qui s'y trouve comme mort et emprisonné, se trouve délié et animé. Le même feu céleste, après avoir extrait la teinture de l'or, la fixe par sa qualité froide et figeante ; et elle devient parfaite pouvant se multi-plier en qualité ainsi qu'en quantité. Cette terre une fois arrivée à la fixité affecte une couleur de fleur de pêcher qui donne la teinture ou le feu qui est alors l'or vital et végétatif des sages ; ce qui a lieu par la régénération de l'or par notre mercure.

Il faut donc commencer à résoudre l'or vulgaire en sa matière spermatique par notre eau de mercure ou notre azote.

Pour y parvenir, il faut réduire l'or en une chaux ou oxyde d'un rouge-brun très pur, et après l'avoir lavé à diverses fois avec de l'eau de pluie bien distillée à petit feu, on le fera légèrement sécher à une chaleur de soleil ; c'est alors qu'on le calcinera avec notre feu secret. C'est à cette occasion que les philosophes disent : les chimistes brûlent avec le feu et nous avec l'eau.

Après avoir imbibé et broyé légèrement l'oxyde d'or bien calciné ayant son humidité et lui avoir fait boire son poids de sel ou de terre sèche qui ne mouille pas les mains, et les avoir bien incorporés ensemble, on les imbibera derechef en augmentant successivement les imbibitions jusqu'à ce que le tout ressemble à une bouillie légèrement épaisse. Alors on mettra dessus une certaine quantité d'eau de mercure proportionnée à la matière, de manière qu'elle surnage cette dernière ; on laissera le tout à la douce chaleur du bain-marie des sages pendant cinq jours, au bout desquels on décantera la dissolution dans un vase que l'on bouchera bien, et que l'on mettra dans un lieu humide et froid.

On prendra la matière non dissoute, que l'on fera

dessécher à une chaleur semblable à celle du soleil;
étant suffisamment sèche, on recommencera les fréquentes imbibitions et triturations comme nous
l'avons précédemment dit, afin d'obtenir une nouvelle dissolution, que l'on réunira avec la première
en réitérant ainsi jusqu'à ce que vous ayez dissous
tout ce qui peut l'être et qu'il ne reste plus que la
terre morte de nulle valeur. La dissolution étant terminée et réunie dans le vase en verre bien bouché
dont nous avons précédemment parlé, sa couleur est
semblable à celle du lapis-lazuli. On placera ce vase
dans un lieu le plus froid que faire se pourra pendant dix jours, puis on mettra la matière à fermenter
comme nous l'avons dit dans la première opération,
et par le propre feu interne de cette fermentation, il
se précipitera une matière noire; on distillera adroitement et sans feu la matière, en mettant le liquide
séparé par la distillation qui surnageait la terre noire
dans un vase bien bouché et dans un lieu froid.

On prendra la terre noire séparée par distillation
de son liquide, on la laissera se dessécher d'elle-même,
puis on l'imbibera derechef avec le feu extérieur;
c'est-à-dire avec le mercure philosophique, vu que
l'arbre philosophique demande à être de temps en
temps brûlé par le soleil et puis rafraîchi par l'eau.

Il faut donc faire alterner le sec et l'humide, afin

de hâter la putréfaction, et lorsqu'on aperçoit la terre
qui commence à se dessécher, on suspend les imbibitions, puis on la laisse se dessécher d'elle-même
jusqu'à ce qu'elle soit parvenue à une siccité convenable et l'on réitère ainsi jusqu'à ce que la terre ressemble à une poix noire : alors la putréfaction est
parfaite.

Il faut ici se rappeler ce que nous avons dit dans la
première opération, afin de ne pas laisser volatiliser
l'esprit, ou brûler les fleurs en suspendant à propos
le feu extérieur lorsque la putréfaction est totale.

La couleur noire que l'on obtient au bout de quarante ou cinquante jours toutes les fois que l'on a
bien administré le feu extérieur est une preuve que
l'or vulgaire a été changé en terre noire, que les philosophes appellent leur fumier de cheval.

Comme le fumier de cheval agit par la force de son
propre feu, pareillement notre terre noire dessèche
en elle-même sa propre humidité onctueuse par son
propre double feu et se convertit après avoir bu toute
son eau distillée et être devenue grise, en une poudre
blanche nommée air par les philosophes, ce qui cons-
titue la coagulation, comme nous l'avons précédemment décrit dans la première opération.

Lorsque la matière est blanche, la coagulation étant
terminée, on la fixe en portant la matière à une plus

grande dessiccation à l'aide du feu extérieur, en suivant la même marche que nous avons suivie dans la coagulation précédente, jusqu'à ce que la couleur blanche soit changée en couleur rouge que les philosophes appellent l'élément du feu. La matière arrive d'elle-même à un degré de fixité si grand, qu'elle ne craint plus les atteintes du feu extérieur ou ordinaire, qui ne peut plus lui être préjudiciable.

Non seulement il faut fixer la matière comme nous venons de le faire; mais il faut encore la lapidifier, en portant la matière à avoir l'aspect d'une pierre pilée, en se servant du feu ardent, c'est-à-dire du premier feu employé, et suivant les mêmes moyens précédemment décrits, afin de changer la partie impure de la matière en terre fixe, en privant aussi la matière de son humidité saline.

Alors on procède à la séparation du pur, de l'impur de la matière; c'est le dernier degré de la régénération, qui se finit par la solution.

Pour y parvenir, après avoir bien broyé la matière et l'avoir placée dans le vase sublimatoire, haut, comme nous l'avons déjà dit, de trois à quatre doigts, en bon verre blanc et d'une épaisseur double de celle ordinaire, on verse dessus de l'eau mercurielle, qui est notre azote, dissous dans la quantité d'esprit astral qui lui est nécessaire et précédemment indiquée, en graduant son feu de manière à l'entretenir à une chaleur tempérée, en lui donnant sur la fin une quantité de ce mercure philosophique comme pour fondre la matière. Par ce moyen, on porte toute la partie spirituelle de cette dernière dans l'eau et la partie terreuse va au fond ; on décante son extrait, et on le met dans la glace, afin que la quintessence huileuse se rassemble et monte au-dessus de l'eau et y surnage comme une huile, et l'on jette la terre restée au fond comme inutile, car c'est elle qui tenait emprisonnée la vertu médicinale de l'or, ce qui fait qu'elle est de nulle valeur.

On sépare cette huile surnageant à l'aide d'une plume blanche de pigeon bien lavée et mouillée et l'on prend garde de ne point en perdre car elle est la vraie quintessence de l'or vulgaire régénéré, dans laquelle les trois principes s'y trouvent réunis ne pouvant plus être séparés l'un de l'autre.

Observez bien ici qu'il ne faut pas pousser la lapidification de la matière trop loin afin de ne pas changer l'or calciné en une espèce de cristal. Il faut avec adresse régler le feu extérieur pour qu'il dessèche peu à peu l'humidité saline de l'or calciné, en le changeant en une terre molle qui tombe comme une cendre, par suite de sa lapidification ou plus ample dessiccation.

L'huile obtenue ainsi par la séparation est la teinture, ou le soufre, ou le feu radical de l'or, ou la
véritable coloration ; elle est aussi le vrai or potable
ou la médecine universelle pour tous les maux qui
affligent l'humanité. On prend aux deux équinoxes
de cette huile la quantité nécessaire pour teindre
légèrement une cuillerée à soupe de vin blanc ou de
rosée distillée, vu qu'une grande quantité de cette
médecine détruirait l'humide radical de l'homme en
le privant de la vie.

Cette huile peut prendre toutes les formes possibles
et se former en poudre, en sel, en pierre, en esprit, etc.,
par sa dessiccation à l'aide de son propre feu secret.
Cette huile est aussi le sang du lion rouge.

Les anciens la représentaient sous l'image d'un
dragon ailé qui se repose sur la terre. Enfin cette
huile inconsumable est le mercure aurifique. Étant
faite, on la partage en deux portions égales ; on en
conserve une partie à l'état d'huile dans un petit
bocal en verre blanc, bien bouché à l'émeri, que l'on
conserve dans un lieu sec, pour s'en servir à faire
les imbibitions dans les règnes de Mars et du Soleil,
comme je le dirai à la fin de la troisième opération,
et l'on fait dessécher l'autre portion jusqu'à ce qu'elle
soit réduite en poudre, en suivant les mêmes moyens
que j'ai indiqués précédemment pour dessécher la

matière et la coaguler ; alors on partage cette poudre
pareillement en deux portions égales ; on en fait dissoudre une partie dans quatre fois son poids de mercure philosophique, pour imbiber l'autre moitié de la
poudre réservée.

TROISIÈME OPÉRATION

CONJONCTION DU SOUFRE

AVEC

LE MERCURE DES PHILOSOPHES

C'est ici où les philosophes commencent presque tous leurs opérations, ce qui a induit beaucoup de personnes en erreur. C'est aussi dans cette opération où l'on réunit le soufre des philosophes avec leur mercure. Presque tous les sages ont nommé fermentation cette dernière opération, vu que c'est dans celle-ci que de nouveau le soufre se dissout, qu'il fermente, se putréfie et ressuscite par sa nouvelle régénération avec uneforce décuple.

Cette opération diffère des deux précédentes, ce qui fait que les philosophes la composent de sept degrés auxquels ils ont attribué une planète.

Pour faire cette opération, il faut prendre la moitié de la poudre réservée dont je vous ai déjà parlé et l'imbiber peu à peu, vu qu'en l'imbibant en trop grande quantité on résout derechef le soufre en huile, qui se sublime en surnageant l'eau, ce qui empêche la réunion du soufre et du mercure, faute grave qui s'est opposée·à la réussite de plusieurs philosophes. Il faut donc imbiber la matière goutte par goutte en l'aspergeant, afin d'opérer la réunion de la Lune avec le Soleil des Anges en formant ensemble une bouillie épaisse.

Le feu externe, qui sert à faire ces imbibitions, est celui dont nous avons déjà parlé lorsque nous avons fait dissoudre le quart de l'huile aurifique réduite en poudre dans la quantité de mercure philosophique qui lui était nécessaire pour se dissoudre ; ce feu extérieur se trouve réglé par la quantité de la matière.

Il faut ici avoir soin d'entretenir la matière dans un état d'onctuosité par les imbibitions réitérées autant de temps qu'il sera nécessaire pour faire gonfler la matière et la faire entrer en fermentation. Sa dissolution est terminée lorsque la matière affecte une couleur bleuâtre; on appelle cette dissolution *rebis* ou double mercure et le degré du mercure. Cette dissolution est de suite suivie de la fermentation; alors on cesse les imbibitions èt le feu extérieur, en laissant agir tout seul et de lui-même le feu intérieur de la matière, jusqu'à ce que la matière soit tombée au fond du vase, où elle devient noire comme du charbon ; c'est alors que commence le premier degré appelé celui de Saturne et que l'on distille sans feu, le liquide surnageant la matière noire, en suivant la marche que nous avons décrite aux deux précédentes opérations.

On laisse sécher la matière noire d'elle-même, et lorsqu'elle est parvenue à un état de siccité convenable, on l'imbibe derechef avec le feu extérieur, en cessant les imbibitions quand on voit la matière commencer à se sécher ; on la laisse acquérir d'elle-même un certain degré de siccité, et l'on continue, en réitérant ainsi jusqu'à ce qu'elle soit parvenue à sa putréfaction totale; alors on cesse le feu extérieur pour ne pas endommager la matière.

Par suite de l'action du propre feu de la matière, celle-ci de noire devient grise, sans que l'on soit obligé de lui administrer le feu extérieur : on est alors rendu au degré de Jupiter. C'est dans ce degré que l'on voit paraître les couleurs de l'arc-en-ciel, qui se trouvent remplacées par une espèce de peau d'un brun noir qui acquiert de la siccité, se fend et devient grise, entourée à la paroi du vase d'un petit cercle blanc.

La matière étant parvenue à ce point, on pourrait s'en servir comme médecine. Dans ce cas, il faudrait laisser sécher la matière et la faire devenir une poudre

blanche, en employant les mêmes procédés déjà
décrits pour obtenir cette couleur que l'on fera devenir rouge à l'aide du feu secret.

Cette médecine aurait alors une vertu décuple de
la première dont j'ai parlé. Mais désirant s'en servir
pour la transmutation des métaux, après l'avoir bien
desséchée, on n'attend pas qu'elle soit devenue
blanche ; mais on la rend telle en l'amalgamant à
parties égales avec du mercure vulgaire de commerce,
purifié avec soin par distillation, bien sublimé et
revivifié ; il est le lait ou la graisse de la terre.

En effet, lorsque le mercure vulgaire est amalgamé
avec la matière, le tout se dissout sous l'aspect d'un
liquide blanc comme du lait, qui se trouve fixé par
la matière en un sel fixe, par l'action de son propre
feu.

Alors on recommence les lavations mercurielles
qui la rendent blanche comme cristal, à l'aide de sept
lavations différentes, à chacune desquelles on ajoute
le mercure revivifié à partie égale comme je l'ai dit
ci-dessus, puis par moitié, tiers, quart, cinquième,
sixième et septième partie du poids de la matière
fixée, afin que le poids de la matière soit toujours
plus grand que celui du mercure revivifié employé.

Mais dès la première lavation à partie égale il faut
ne pas cesser ni jour, ni nuit le feu, c'est à dire les

imbibitions du liquide distillé qui contient le feu de la matière, afin que celle-ci ne soit pas saisie par le froid et perdue : le composé est le laiton *des philo-sophes*, qu'il faut blanchir par de fréquentes imbibitions jusqu'à ce que le mercure amalgamé soit fixé par notre matière, secondé de son propre feu ; ce qui termine le degré de Jupiter.

En continuant ainsi, le laiton devient jaunâtre, puis bleuâtre et le blanc le plus beau paraît dessus : alors commence le degré de la Lune. Ce beau blanc a l'aspect du diamant pilé, il est devenu une poudre très fine et très subtile ; on a obtenu le blanc fixe ; on en met sur une lame de cuivre rougie ; si elle fond sans fumer, alors la teinture est suffisamment fixée. Dans le cas contraire, on lui administre le feu, en le continuant jusqu'à ce qu'elle ait atteint son degré de fixité convenable, et l'on s'arrête là, si l'on ne veut faire que la teinture au blanc, dont une partie transmue cent parties de mercure vulgaire en argent meilleur que celui de minière.

Mais désire-t-on faire la teinture rouge, il faut continuer le feu à la matière; sans l'avoir laissé refroidir, si l'on veut qu'elle puisse devenir rouge.

En reprenant l'administration du feu extérieur la matière devient très fine et si subtile qu'il est difficile de se l'imaginer ; c'est pourquoi il faut bien diriger son feu afin que la matière ne se volatilise pas par la force du feu qui doit la pénétrer entièrement, mais qu'elle reste au fond du vase, en devenant une poudre verte. C'est alors le degré de Vénus.

En continuant avec sagesse le feu extérieur, la matière devient jaune citron : c'est le degré de Mars. Cette couleur augmente d'intensité et devient couleur cuivre. Rendue à ce point, elle ne peut plus augmenter d'intensité d'elle-même ; c'est alors qu'il faut avoir recours au mercure aurifique rouge, c'est-à-dire à notre huile réservée et imbiber la matière avec cette huile jusqu'à ce qu'elle soit devenue rouge : alors commence le degré du Soleil.

En continuant les imbibitions avec l'huile aurifique, la matière devient de plus en plus rouge, puis purpurine, et finalement du rouge brun, ce qui forme la salamandre des sages, que le feu ne peut plus attaquer.

Enfin on insère la matière avec la même huile aurifique, en l'imbibant goutte par goutte, jusqu'à ce que l'huile du Soleil soit figée dans la matière et que cette dernière, mise sur une lame chaude, fonde sans fumée. Par ce moyen on a obtenu la teinture rouge et l'or fixe et figeant dont une partie transmue cent parties de mercure en or meilleur que celui de la nature.

MULTIPLICATION

Les deux teintures dont je viens de parler, blanche et rouge, sont susceptibles d'être multipliées en qualité et en quantité, lorsque ces teintures n'ont point été soumises à l'action du feu vulgaire, qui leur fait perdre leur humidité radicale, en les fixant en terre ayant l'aspect d'une pierre. Pour faire la multiplication de ces deux teintures, blanche et rouge, il faut répéter entièrement la troisième opération.

Il faut que les deux poudres blanche et rouge soient dissoutes dans le mercure philosophique, qu'elles passent à la fermentation et à la putréfaction, ainsi qu'à la régénération. Pour y parvenir il faut réitérer les imbibitions peu à peu, conduire le feu et le régler successivement comme nous l'avons précédemment décrit. A cette seconde multiplication une partie fait projection sur mille parties du mercure et les transmue en argent ou en or selon la couleur de la poudre, en métal parfait.

La multiplication en qualité se fait en réitérant la sublimation philosophique qui a lieu en séparant le

4

pur de l'impur à l'aide du mercure philosophique, et l'on répète ponctuellement les manipulations de la troisième opération, après avoir desséché à l'aide du feu de la matière et réduit en poudre toute l'huile blanche si l'on opère au blanc et qu'une partie de l'huile rouge, si l'on opère au rouge, afin de conserver l'autre partie pour s'en servir au degré de Mars et du Soleil, ainsi que pour insérer, comme je l'ai déjà indiqué, en opérant au rouge.

La multiplication en quantité se fait par l'addition du mercure vulgaire revivifié comme je l'ai précédemment dit. Si l'on désire faire en même temps la multiplication en qualité, il faut commencer comme règle générale, par sublimer la matière en séparant le pur de l'impur, en desséchant en totalité, si l'on opère au blanc, ou par moitié si l'on opère au rouge, à l'aide du propre feu que l'on réglera de la même manière que je l'ai fait à la troisième opération, afin de les réduire en poudre que l'on divisera chacune en deux parties égales ; on en fera dissoudre une partie dans quatre fois son poids de mercure philosophique, qui servira à imbiber l'autre partie réservée en réitérant absolument la troisième opération.

On peut, si on le désire, réitérer ces manipulations jusqu'à dix fois : la matière acquerra à chaque fois une force décuple et sera si subtile qu'elle traversera

le verre à la dernière fois en se volatilisant en totalité.
On cesse ordinairement à la neuvième multiplication,
où elle devient si volatile qu'à la moindre chaleur
elle perce le verre et s'évapore, ce qui fait qu'il est
d'usage de s'arrêter à la transmutation d'une partie
sur mille ou dix mille au plus afin de ne pas s'exposer
à perdre un trésor aussi précieux.

Je ne décrirai point ici des opérations très curieuses
que j'ai faites, à mon grand étonnement, dans les
règnes végétal et animal, ainsi que le moyen de faire
le verre malléable, des perles et des pierres précieuses
plus belles que celles de la nature en suivant le pro-
cédé indiqué par Zachaire et se servant du vinaigre
et de la matière fixée au blanc, et de grains de perles
ou de rubis pilés très fin, les moulant puis les fixant
par le feu de la matière, ne voulant pas être parjure
et paraître ici passer les bornes de l'esprit humain.

Ayant fini mon œuvre, je pris 100 grammes de
mercure distillé et les mis dans un creuset. Aussitôt
qu'ils commencèrent à fumer, je jetai dessus 1 gramme
de mon soufre transmutatoire, il devint en huile au-
dessus du mercure et je vis ce dernier qui se figeait
successivement de plus en plus. Alors j'augmentai
mon feu et le fis sur la fin plus fort en le continuant,
jusqu'à ce que mon mercure fut parfaitement fixé,
ce qui dura environ une heure. L'ayant coulé dans

une petite lingotière, je l'éprouvai et le trouvai meilleur que celui de la minière.

Que ma joie fut vive et grande ! J'étais hors de moi-même, je fis comme Pygmalion, je me mis à genoux pour contempler mon ouvrage et en remercier l'Éternel, je me mis aussi à verser un torrent de pleurs, qu'elles étaient douces ! que mon cœur était soulagé ! il me serait difficile de peindre ici tout ce que je ressentais et la position où je me trouvais. Maintes idées s'offraient à la fois à ma pensée. La première me portait à diriger mes pas près du Roi citoyen et lui faire l'aveu de mon triomphe, l'autre de faire un jour assez d'or pour former divers établissements dans la ville qui me vit naître, une autre idée me portait à marier le même jour autant de filles qu'il y a de sections à Paris, en les dotant ; une autre idée me portait à me procurer l'adresse des pauvres honteux et d'aller moi-même leur porter des secours à domicile, enfin je finis par craindre que la joie ne me fit perdre la raison. Je sentis la nécessité de me faire violence et de prendre beaucoup d'exercice en me promenant à la campagne : ce que je fis pendant huit jours consécutifs. Il ne se passait pas quelques heures sans que j'ôtasse mon chapeau et levant les yeux au ciel, je le remerciais de m'avoir accordé un pareil bienfait et je versais d'abondantes pleurs. Enfin je finis par me

calmer et par sentir combien je m'exposerais en faisant de pareilles démarches. Après avoir réfléchi
mûrement, je pris la ferme résolution de vivre au
sein de l'obscurité, sans éclat, et de borner mon
ambition à faire des heureux en secret sans me faire
connaître.

J'avais fait part à ma femme de mon succès et je
lui promis de répéter devant elle la transmutation :
elle m'engagea à n'en pas parler. C'était le Jeudi-
Saint 1831, à 10 heures 7 minutes du matin que
j'avais fait seul la transmutation. Je n'avais plus de
mercure chez moi et remis au lendemain de Pâques
à satisfaire ma femme. Je fis emplette d'une branche
de laurier chez un jardinier et d'une tige d'immor-
telle. Après les avoir liées ensemble, j'enveloppai le
tout dans une feuille de papier à lettre, et je dirigeai
mes pas à la maison où était ma femme, qui était
assise auprès d'une croisée à lire. Je me précipitai à
ses genoux en mettant mon bouquet à ses pieds, je
lui dis : le voici enfin, chère amie, déposé à tes pieds ;
il vient me couronner lorsque toi et moi nous des-
cendons au tombeau ; il m'a coûté 37 ans de pénibles
travaux, et plus de quinze cents nuits sans dormir.
J'ai été couvert d'humiliations, abreuvé d'injures, fui
de mes amis, repoussé de ma famille et de la tienne ;
enfin j'ai perdu les plus intéressantes créatures que

l'on puisse voir et je n'ai jamais cessé d'être un homme
de bien et de te chérir. Ma tête tomba sur ses deux
genoux. Je me mis à pleurer. O larmes de regrets,
du ressouvenir de mes pertes, des tribulations que
j'avais éprouvées, et de joie, que vous étiez douces !
que vous soulagiez mon cœur ! Je renaissais, j'étais
un nouvel homme. Ma femme, me relevant la tête,
les larmes aux yeux, me dit : Relève-toi mon ami et
cesse de pleurer. Je collai mes lèvres sur les siennes
et ce baiser de tendresse qui fut payé de réciprocité
vint embellir le charme de ma vie et ranimer mon
cerveau abattu par le malheur.

Ce n'était pas assez de lui avoir fait l'aveu de ma
réussite, et d'avoir déposé mon laurier à ses pieds, il
fallait la convaincre et faire la transmutation devant
elle.

Je pris un verre de montre et mis dedans une
petite quantité de mercure coulant du commerce qui
avait été distillé, qui était pur et que je venais d'ache-
ter. Je mis dessus, non de mon soufre transmutatoire à l'état de poudre, mais à l'état d'huile, dans la
proportion d'une partie sur cent, et remuai mon
verre de manière à donner à l'huile un mouvement
circulaire. Nous vîmes avec joie le mercure offrir un
phénomène bien curieux et se coaguler avec la couleur du plus bel or ; je n'avais plus qu'à le fondre

dans un creuset et le couler ; je fis ainsi la transmutation à froid au grand étonnement de ma femme.
Elle me dit alors : ton succès met le comble à tes
désirs ; si tu veux me rendre heureuse et me faire
oublier la longue chaîne de nos malheurs, vivons au
sein de l'obscurité sans étalage ; fais disparaître de
notre asile tout ce qui pourrait déceler ton secret et
servir d'appât à la malveillance ainsi qu'aux ambi-
tieux que rien ne peut récompenser, l'intrigue, la
bassesse ou la tyrannie. Je lui répondis : j'ai juré,
dussé-je me voir couler du plomb fondu dans les
veines, d'emporter dans la tombe mon secret, c'est à
dire la connaissance de la matière, du feu et des travaux d'Hercule ; je te jure ainsi qu'à Dieu de te rendre
heureuse en accomplissant tes désirs ; espérons que
l'Éternel nous protégera contre les envieux, les
hommes vicieux et corrompus.

O vous jeunes gens qui lirez vraisemblablement
mon ouvrage, puissent vos désirs de paraître dans ce
monde et l'appât des richesses ne point vous faire
entreprendre la recherche de la pierre philosophale :
si vous pouviez savoir comme moi les malheurs en
tous genres que j'ai éprouvés, pour y parvenir, vous
reculeriez d'effroi au désir de vous y livrer, à moins
que Dieu vous fasse rencontrer un homme qui ait
réussi à faire la pierre, qui vous conduise par la main

depuis le commencement jusqu'à la fin, repoussez avec horreur l'idée de vous livrer à la philosophie hermétique, plus difficile qu'on ne le pense à la connaître de soi-même. Espérant être plus heureux que moi, si vous foulez à vos pieds mes conseils, et que vous soyez assez heureux pour y parvenir, n'oubliez jamais les infortunes, soyez discrets surtout, avares dans vos goûts pour la dépense et pour satisfaire vos passions, mais prodigues envers les pauvres, et n'oubliez jamais que la plus douce satisfaction pour un cœur bien né, c'est de faire des heureux sans qu'ils parlent de vous, et surtout ayez toujours présent à vos yeux l'Éternel.

Fuyez les êtres corrompus du bon ton, ils ont tous les moyens pour abuser de vos bonnes qualités, ils se ruinent en promesses qui paraissent être l'épanchement d'une belle âme, mais ils s'enrichissent à vous rendre leur dupe. En un mot, ne cherchez point le bonheur de la vie dans les deux extrêmes de la société, mais bien dans la classe moyenne, c'est à dire dans celle d'honnêtes industriels; il y a cependant quelques exceptions à faire, et je serais un ingrat d'en juger différemment. J'ai rencontré un homme bien né que je n'oublierai de ma vie, auquel je promets de donner des preuves de mon attachement.

Estimable jeunesse, puisse ma vie vous servir

d'exemple, et mes recommandations de leçons, et mériter à vos yeux quelques larmes pour adoucir la longue chaîne de malheurs que j'ai éprouvés.

Rois de la terre, si vous connaissiez le grand nombre de personnes qui se livrent en secret et de nos jours à la recherche de la pierre philosophale, vous en seriez étonnés, et si vous saviez qu'à peine un ou deux hommes ont le bonheur de réussir dans l'espace de 3 à 400 ans, ce qui n'offre pas dans le commerce le produit d'une mine d'or qui se découvre au Pérou ou ailleurs tous les 3 ou 4 ans, loin de faire rechercher ceux qui ont réussi et les tourmenter, vous les combleriez de vos bontés en leur accordant votre appui et votre bienveillance afin qu'ils puissent amplement servir l'humanité souffrante et vous faire participer aux bienfaits de leurs découvertes.

O mon pays, ô mes chers concitoyens, vous qui avez prouvé à diverses fois que vous étiez bons Français par votre dévouement à la cause de la liberté et de l'ordre légal, si l'Éternel me permet de vous laisser ce que mon cœur vous destine par reconnaissance, daignez faire transporter mes dépouilles mortelles sur un lieu à base calcaire, en face d'une petite tourelle portant un emblème douloureux d'une ancienne guerre, au bas de laquelle coule un petit ruisseau qui prend sa source à une lieue de là et fait mouvoir plusieurs moulins ; faites-les recouvrir seulement d'un gros bloc de granit dur très commun dans la petite ville où je me suis marié, voisine du lieu qui me vit naître, avec cette seule inscription : les dépouilles mortelles de l'infortuné Cyliani reposent ici.

J'ai fait imprimer cet ouvrage, vu qu'il n'existe dans aucun pays une loi qui défende de publier une découverte utile à la société sous le rapport de la vie, ainsi que de faire circuler dans le commerce de l'or parfait par son poids, sa couleur, sa pesanteur spécifique et sa fusibilité ; de quel droit voudrait-on donner la préférence sur l'or des mines à celui fait par l'art philosophique, ce dernier étant meilleur ?

CYLIANI.

FIN

DIJON, IMP. DARANTIERE.

DE LA MÊME COLLECTION

L'OR
ET LA TRANSMUTATION DES MÉTAUX
Par T. TIFFEREAU
L'Alchimiste du xixᵉ siècle
Précédé de : Paracelse et l'Alchimie au xviᵉ siècle
Par M. FRANCK, de l'Institut.
Un volume in-16 jésus. . . . . 5 fr.

LA SCIENCE ALCHIMIQUE
Ouvrage orné de nombreuses gravures
Par JOLLIVET-CASTELOT
Un volume in-16 jésus. . . . . 5 fr.

ALBERT POISSON
HISTOIRE DE L'ALCHIMIE
XIVᵉ SIÈCLE
NICOLAS FLAMEL
Suivi de la réimpression du *livre des figures hieroglyphiques*
et de la lettre de Dom Pernetty à l'abbé Villain
Un vol. in-16 jésus . . . . 5 fr.

CH. GALDER
L'OR
Composé métallique
Formation naturelle et production artificielle.
Broch. in-16 jésus . . . . 1 fr.

Ed. DELOBEL
PREUVES ALCHIMIQUES
L'Unité de la Matière et son évolution.
Brochure in-16 jésus. . . . . 1 fr.

DIJON, IMP. DARANTIÈRE

www.ingramcontent.com/pod-product-compliance
Lightning Source LLC
LaVergne TN
LVHW022019080426
835513LV00009B/790